I0123038

· ÉTUDE

DE LA

PELLAGRE DES LANDES.

CONCOURS.

RAPPORT AU CONSEIL CENTRAL DE SALUBRITÉ

Du département de la Gironde,

FAIT AU NOM D'UNE COMMISSION

PAR LE DOCTEUR LÉON MARCHANT,

Secrétaire du Conseil et médecin des épidémies.

BIBLIOTHÈQUE ROYALE

BORDEAUX,
DE L'IMPRIMERIE DE PROSPER FAYE,
Rue du Chapelet, n. 2.

AOUT 1840.

RAPPORT

FAIT AU CONSEIL CENTRAL DE SALUBRITÉ,

PAR UNE COMMISSION COMPOSÉE DE

MM. RÉVOLAT père, *vice-président;* ARTHAUD, BURGUET, CHAUMET,

ET

L. MARCHANT, *secrétaire, rapporteur,*

SUR LE CONCOURS RELATIF A L'ÉTUDE

DE LA

PELLAGRE DES LANDES.

Messieurs,

Le Conseil général de la Gironde ayant pris, dans sa séance du 30 septembre 1838, une délibération portant : « Deux mé-
« dailles d'une valeur de cent francs chacune seront distribuées
« aux écrivains qui indiqueront le mieux la nature de la ma-
« ladie connue sous le nom de *Pellagre*, et les moyens les plus
« efficaces pour s'en préserver, ou pour en guérir quand elle est
« déclarée, » M. le Préfet rendit, le 18 avril de l'année suivante,
un arrêté en vertu de cette délibération; il porte que les praticiens qui désireraient concourir pour obtenir l'une des médailles offertes à leurs recherches sur cette maladie, devront
déposer leurs mémoires au secrétariat-général de la préfecture,
et investit le Conseil de salubrité de la mission de prononcer

sur le mérite des écrits envoyés à ce concours, et de désigner conséquemment les deux écrivains qui auront le mieux rempli les vues du Conseil général du département.

C'est en conformité de cet arrêté que vous avez été saisis de l'examen des documents relatifs à l'étude de la Pellagre, qui vous ont été transmis par M. le Préfet, dans le courant de l'année 1836. — A cet effet, il a été nommé une commission dont font partie MM. ARTHAUD, BURGUET et CHAUMET, à laquelle se sont réunis MM. RÉVOLAT, vice-président; et L. MARCHANT, secrétaire du Conseil.

La commission, après avoir pris connaissance de toutes les pièces, a chargé votre secrétaire de vous faire le rapport suivant :

Une maladie qui marche et se développe avec lenteur, qui met à parcourir ses diverses et fatales évolutions l'espace de plusieurs années, et dont les causes sont restées impénétrables jusqu'à ce jour, exigeait des études très-suivies et très-multipliées. Vous aviez compris que le médecin des épidémies, seul, ne pourrait suffire à cette tâche. Dans votre rapport du 19 octobre 1836, vous vîntes à son aide; vous exprimâtes le vœu qu'il fût fait un appel aux lumières et à l'expérience de tous les praticiens répandus dans les contrées landaises du département. Ils furent en effet invités à donner leur concours à des recherches qu'ils étaient à portée de faire fructueusement, et dont ils devaient retirer les premiers avantages. Ils n'ont jamais fait défaut à cette invitation; c'est avec un empressement digne d'éloges qu'ils se sont rendus à toutes les conférences médicales qui ont eu lieu à cette occasion. —Ces réunions, si elles n'ont pas toujours été nombreuses, n'ont pas pour cela cessé d'être fort intéressantes; c'est du moins ce qui résulte de plusieurs rapports (déjà au nombre de treize) qui nous ont été soumis par le médecin des épidémies, et sur lesquels nous n'avons pas été appelés à prononcer. On trouve, en effet, dans ces conférences, un levier puissant de soutenir le zèle. Des hommes qui concourent à une même fin, s'animent d'émulation aussitôt qu'ils se voient en présence les uns des autres. Chacun apportant le tribut de ses observations, puise en même temps, dans le travail d'autrui, des idées et des aperçus qui plus tard fécondent sa propre expérience. — Cependant les esprits les plus ardents et les plus soucieux d'arriver à une solution, pouvaient tomber dans une sorte d'indifférence, faute d'encouragement. C'est alors qu'en s'inspirant de l'esprit de votre rapport, on songea à augmenter les moyens de vivifier le dévouement. On vit qu'il y avait utilité à faire une distribution annuelle de médailles, à titre d'encouragement. Le Conseil général du département s'associa à votre pensée, dans sa sollicitude pour le bien public. Le zèle et l'expérience de tous furent ainsi assurés à l'étude de la Pellagre, étude qui renferme en soi, vous l'avez déjà reconnu, un des plus beaux problèmes d'hygiène publique.

Telles sont les circonstances qui ont précédé le concours. Quel en est le résultat?

Les Mémoires, les observations et les renseignements que la commission a eu à examiner, elle se hâte de le dire, ne peuvent être encore considérés que comme des éléments de la solution du problème. Ils constatent l'existence de la Pellagre, ils font connaître sa symptomatologie, ils renferment la description de quelques cas particuliers ; on y hasarde des opinions sur sa nature et sur son étiologie, mais les faits qui sont le fruit d'une longue observation, mais les faits qui portent avec eux le germe d'un principe d'application pratique, y manquent. Cela ne pouvait être autrement. L'étude de la Pellagre est à peine commencée, et n'est complètement organisée que dans l'arrondissement de Bordeaux. Il n'était donc pas probable que la commission eût à prononcer sur un grand nombre de pièces. — Aussi s'est-elle bornée à ne porter que des jugements relatifs et non généraux; elle a jugé des opinions individuelles, et n'a pas voulu s'élever à des théorêmes sur de simples renseignements, car elle n'ignore pas que la théorie qui ne procède, pour ainsi dire que d'elle même, que d'après des indications fugitives, ne peut arriver à rien de positif, c'est-à-dire à la solution d'une utilité pratique — Elle a pensé, en conséquence, qu'il fallait renvoyer, à une époque plus éloignée, un ordre d'induction qui contiendrait le dernier mot sur une question qui occupe l'administration, déjà depuis quelques années. — L'étude de la Pellagre se fera dans un plus grand rayon et n'en sera aussi que mieux comprise ; le concours attirera un plus grand nombre de compétiteurs : c'est infaillible.

Les pièces admises ou envoyées au concours sont au nombre de six, et peuvent être rangées en deux catégories.

Dans la première, sont compris les Mémoires proprement dits. — Dans la seconde, les simples faits et les renseignements.

La commission, en adoptant ce classement, fait préjuger d'avance le mérite relatif qui distingue ces diverses pièces.

PREMIÈRE CATÉGORIE. *A.* Documents fournis par M. le docteur HAMEAU, médecin à La Teste :

1° *Note sur une maladie peu connue dans les environs de La Teste*, publiée en mai 1829 ; 2° *Second Mémoire sur la maladie de la peau, observée dans les environs de La Teste*, publié en septembre même année ; 3° *Lettre (6 avril 1837) à M. le Prefet de la Gironde, sur les communes des Landes où règne la Pellagre endémique.*

B. Documents fournis par M. le docteur LALESQUE fils, médecin à La Teste : 1° *Considérations sur la Pellagre des Landes*, lecture faite le 4 juin 1837, à la conférence de Biganos ; 2° *la Pellagre landaise, sa nature, les moyens de la prévenir et ceux de la guérir quand elle est développée*, avec cette épigraphe : *intus* et *in cute.* (Perse) ; et cette autre :

. . . . *Quamvis lapis omnia nudus,*

. . . .

« *Post aliquot, mea regna videns, mirabor aristas.*»

(VIRG. *Eglog.*)

DEUXIÈME CATÉGORIE. 1° *Quelques réflexions sur une derma-tose* qui paraît endémique dans le département des Landes, et qu'on peut appeler *érythème du printemps*, par M. BEYRIS, officier de santé, à Linxe (Landes) ;

2° *Deux cas de Pellagre*, recueillis par M. COURBIN, officier de santé, à Mios (Gironde) ;

3° *Renseignements sur la Pellagre et sur les moyens d'en faciliter l'étude*, par M. PAUILHAC, officier de santé, à Arès (Gironde) ;

4° *Remarques historiques et pratiques sur la Pellagre*, par M. MONTON, officier de santé à Saint-Symphorien (Gironde).

En 1829, M. le docteur HAMEAU communiqua à la société de médecine de Bordeaux (séance du 4 mai) une *note sur une maladie peu connue*. Cette note, qui fut complétée un peu plus tard par un *second Mémoire*, n'était qu'un simple exposé des symptômes de cette affection de la peau, qu'il avait observée, pour la première fois, en 1818.— M. HAMEAU trouvait alors que cette maladie était sans analogie dans le cadre nosologique. Le journal de la société de médecine disait, en la publiant, que la description donnée par ce médecin offrait des phénomènes semblables à ceux de la Pellagre, particulière à la Lombardie, et demandait en même temps s'il n'y avait pas quelques rapports entre ces deux maladies. Ce doute ne tarda pas à se changer en certitude. Une analyse comparative et l'observation de nouveaux faits établirent l'identité. La maladie observée par M. HAMEAU fut la Pellagre des Landes. Elle a été étudiée depuis, non pas seulement dans les environs du bassin d'Arcachon, mais dans toute la côte occidentale de l'Océan, entre l'embouchure de l'Adour et celle de la Gironde, comme on le verra au fur et à mesure que nous avancerons dans ce rapport, et toujours elle s'est présentée avec les mêmes phénomènes.

Les caractères principaux exposés par le docteur HAMEAU paraissent dériver de trois genres de lésion : 1° de la peau ; 2° des organes de la digestion ; 3° du centre cérébro-spinal. Ce classement que nous fesons subir aux faits indiqués dans la *note sur une maladie peu connue*, nous a paru devoir être adopté , parce qu'il établit l'ordre de filiation qui enchaîne tous les symptômes, entre lesquels on trouve constamment l'*éruption des mains*, la *diarrhée* et le *défaut d'équilibre*.

Le *second Mémoire* de M. HAMEAU est beaucoup plus étendu que le premier. Il a quelque chose de didactique dans la forme qui contraste avec le fond , c'est-à-dire avec l'exposition des faits, présentée sans idées préconçues et sans prétentions ; aussi ce Mémoire au lieu de procéder du premier, c'est le contraire qui arrive : la première publication procède évidemment de la seconde ,laquelle, en effet, contient les observations pratiques qui ont servi d'origine à toute la symptomotologie , telle qu'elle est exposée dans la *note* dont nous venons de parler. Mais peu importe ici la priorité , ces deux écrits sortant de la même plume. Les renseignements fournis par l'un se trouvent pleinement justifiés par l'autre.

Les six cas que le docteur HAMEAU fait connaître, sont écrits et rapportés avec simplicité et , l'on peut dire, avec naïveté ; ils inspirent cette sorte d'intérêt qui s'attache à l'histoire d'une découverte. La Pellagre, observée pour la première fois dans les Landes, était pour lui une véritable découverte ; il était dès lors tout naturel qu'il donnât à chaque histoire particulière beaucoup de détails, et des détails quelquefois minutieux, et qu'à côté d'une certaine timidité dans l'énonciation des faits qu'il découvrait et d'un sentiment de commisération qu'il éprouvait auprès des malheureux dont il ne comprenait pas tout le mal , il se laissât aller avec hardiesse à des suggestions, à des vues de l'esprit qui pouvaient et allaient même lui servir à expliquer la plupart des phénomènes , et lui ouvrir peut-être une voie rationnelle de guérison.

Il y a des esprits qui ne croient rien savoir s'ils n'enchaînent pas, s'ils ne systématisent pas au plus tôt leurs connaissances et leurs idées. Ils sont ingénieux dans la préoccupation qu'ils se donnent des choses de détails, à se ménager les moyens d'ordonner et de coordonner : c'est leur nature ; et l'esprit de M. Ha-MEAU a cette trempe.

Ainsi dans l'aperçu topographique qu'il donne de la contrée qu'il habite, il fait entrevoir, peut-être involontairement, son idée sur la cause essentielle de la Pellagre. « Les laboureurs et les agriculteurs sont relativement plus nombreux dans les communes du *Gujan* et du *Teich* (canton de La Teste), que ceux qui exercent d'autres professions. Les marins sont plus propres en tout que les laboureurs et les bergers ; chaque famille a un troupeau et par conséquent un gardeur ; on connaît la vie paisible et monotone de ces bergers ainsi que leur chétive nourriture, et dont le vêtement est fait presque en entier de peaux de brebis non tannées et qu'on ne lave jamais ». — Dans l'exposition des détails propres à chaque cas, il ne néglige pas seulement certaines circonstances, il y insiste : c'est lorsqu'il se préoccupe du sentiment que la Pellagre pourrait bien être *contagieuse* ; — Il est notamment question d'une jeune fille qui mourut de la Pellagre, dans un véritable état d'aliénation mentale, après cinq ans de maladie. — Cette fille avait couché pendant long-temps avec sa mère qui avait succombé avant elle à cette affection.

Après avoir posé les faits nécessaires pour établir les bases de son argumentation, il entre dans le champ des inductions, et dans sa marche, il rencontre et s'attache à démontrer une certaine analogie entre la maladie qu'il décrit et une maladie des brebis, à laquelle elles succombent en été, et dans laquelle on trouve, pour caractères généraux, les analogues de la Pellagre ; il y en a également trois, ce sont : le *tournoiement de tête*, la *diarrhée* et *une rougeur entre les cuisses*. — Nous avons déjà remarqué que c'est des peaux de ces brebis que les bergers se vêtissaient. Il conclut de cet enchaînement d'idées que la

Pellagre dépend, selon toute vraisemblance, d'un *virus* qui a son origine dans une maladie particulière aux brebis ; que si elle peut être attribuée à une cause virulente, il est rationnel de croire qu'elle doit être contagieuse ; il a cité des cas où elle lui a paru transmise par contact ; tel est celui que nous venons d'indiquer. — Cependant il est juste de dire que, bien que l'importance du Mémoire soit, pour lui, dans ces inductions finales, il conclut toutefois avec une certaine réserve.

M. HAMEAU ne touche à aucune question de la thérapeutique de la Pellagre. Peut-être est-ce une preuve qu'il était peu fixé sur la nature du mal. Aujourd'hui, sachant mieux à quoi s'en tenir à cet égard, il modifierait probablement ses idées et ouvrirait une voie rationnelle pour la cure d'une endémie contre laquelle l'hygiène semblerait plus puissante qu'une médication spécifique.

La commission a eu à examiner et à apprécier un manuscrit de M. HAMEAU, rédigé à l'occasion d'une demande formelle du Préfet.

Il est relatif à la détermination des communes landaises où sévit la Pellagre, et au nombre d'individus qui en ont été atteints ou victimes. Ce petit travail est de 1837, et l'auteur a accepté, pour *sa maladie peu connue*, la dénomination de *Pellagre*. Un esprit aussi éclairé devait s'empresser de l'admettre.

Il n'hésita pas à répondre que la Pellagre est endémique dans tout le littoral du bassin d'Arcachon ; qu'il l'a vue non seulement dans toutes les communes dépendantes des cantons de La *Teste* et d'*Audenge*, mais dans deux communes du département des Landes, à *Sanguinet* et à *Biscarosse*. — Et lorsque M. HAMEAU dit qu'elle doit être répandue sur toute la contrée landaise comprise entre la Gironde et l'Adour, votre commission s'est assurée, sur les documents qui lui ont été mis sous les yeux, qu'elle existe effectivement du côté de *Captieux* et de *Villandraut* (arrondissement de Bazas), ainsi qu'à

Lesperon et *Linxe* (Landes, arrondissement de Mont-de-Marsan).
— Quant au nombre d'individus atteints de la Pellagre, que
M. HAMEAU aurait vus depuis qu'il s'en occupe, il dit en avoir
rencontré soixante-treize (73) dont la majorité a succombé.
— En compulsant les rapports du médecin des épidémies, on
reconnaît que ce chiffre n'a rien d'exagéré, car ces rapports
constatent l'existence de la maladie dans des lieux que le docteur
HAMEAU n'a pas visités.

Ce travail a donc présenté ceci d'important à la commission,
qu'il a pu la convaincre du caractère endémique de la Pellagre
et des conséquences fatales dont elle s'accompagne lorsqu'on ne
s'oppose pas à son progrès.

En terminant sur le compte du docteur HAMEAU, la commission ne doit pas taire que le zèle de ce médecin, pour l'étude de
l'endémie landaise, ne s'est pas démenti un instant. Il a rarement
manqué de se rendre aux conférences médicales qui se sont faites
à ce sujet. Les distances (et elles sont toujours grandes dans le
pays des Landes) ne l'arrêtaient pas ; il n'y avait que l'accomplis-
sement d'un devoir impérieux qui l'empêchait de venir apporter
ses lumières et son expérience au milieu de ses confrères.

Enfin le docteur HAMEAU n'aurait eu que le seul mérite
d'avoir signalé le premier l'existence de la Pellagre, qu'il aurait
dès droits légitimes à une distinction honorable. Mais la manière
dont il a décrit la maladie ajoute infiniment à l'honneur de la découverte. La description qu'il en a donnée vous a paru effectivement si exacte, si simple, si vraie, si complète dans l'énonciation
des symptômes les plus généraux, que vous n'avez pas hésité de
le présenter à vos correspondants comme un tableau d'une par-
faite ressemblance, que vous n'avez pas hésité à le faire entrer
comme élément indispensable d'étude dans les recherches ulté-
rieures que vous aviez à proposer.

Il se passa quelque temps avant que cette endémie fût
l'objet d'une attention sérieuse de la part des hommes de

l'art et de l'administration. Les praticiens des Landes croyaient
peu à son existence ; quelques-uns même la niaient avant de l'é-
tudier. M. HAMEAU tout seul ne pouvait former la majorité. On
avait des préventions contre ses idées, et il ne pouvait entraîner les convictions. Il insistait pourtant ; alors, une ex-
ploration du pays fut jugée nécessaire. Le médecin des épidémies reçut mission, en 1836, d'aller vérifier sur les lieux les
assertions du docteur HAMEAU. Son rapport lui fut favorable ;
et, dans la même année, le Conseil de salubrité fut saisi de cette
question et détermina le plan d'études qu'il convenait d'adopter
dans cette circonstance.

Il se trouva des esprits prévenus ; mais, éclairés par l'évi-
dence, ils furent moins rebelles. Ceux qui ignoraient parce qu'ils
ne connaissaient pas, ne demandaient qu'à voir pour être con-
vaincus. Lorsqu'on les confrontait, pour ainsi parler, avec la Pellagre, avec la maladie pour laquelle on venait leur demander des
renseignements, ils répondaient : « Nous ne pouvons plus nier
« son existence, nous la reconnaissons, en effet, aux traits que
« nous voyons ; on la rencontre souvent dans la pratique. Le plus
« ordinairement elle se trouve chez de pauvres gens atteints de
« diarrhée, qui viennent vers nous prendre des conseils afin
« d'arrêter ce cours de ventre qui épuise leurs forces. Préoccupés
« de ce dernier accident seulement, dont nous comprenons l'im-
« portance, nous ne faisons aucun cas de l'état des mains, des
« pieds et des autres parties du corps couvertes également de
« l'érythème pellagreux. — La faiblesse musculaire dont se
« plaignent ces pauvres malades n'est pour nous que la consé-
« quence directe de la diarrhée, et nullement une lésion du sys-
« tème nerveux cérébro-spinal ; l'allanguissement des facultés
« intellectuelles nous paraît naturel après un long épuisement ;
« la tendance au suicide et le suicide lui-même n'est qu'un ac-
« cident purement fortuit. — Le ptyalisme abondant, d'une aci-
« dité particulière, les gerçures des lèvres et de la langue, la

« douleur éprouvée dans l'acte de la déglutition, le poids et la
« chaleur fixe et ardente, ressentis vers la région épigastrique,
« sont autant de phénomènes que nous rangeons dans la dépen-
« dance de la gastro-entérite chronique ; et lorsque ces indi-
« vidus succombent après avoir souffert périodiquement aux
« mêmes époques de l'année, les symptômes s'aggravant de plus
« en plus, nous supposons qu'ils meurent des suites d'une diarrhée
« d'épuisement, entretenue par des travaux excessifs et par une
« nourriture d'une mauvaise qualité et insuffisante. Quant à
« l'irritation particulière de la peau, qui forme les caractères ex-
« térieurs de la Pellagre, et que nous n'avons eu nul intérêt à
« étudier dans sa marche, dans sa reproduction annuelle, et dans
« ses divers symptômes, elle n'est pour nous que le produit de
« la malpropreté, et du moment qu'elle n'est pas un sujet de
« plainte et qu'elle n'appartient pas à l'une de ces dermatoses bien
« connues, nous la confondons avec une affection cutanée *(pru-*
« *rigo mitis chronicus)* signalée dans nos Landes sous la déno-
« mination vulgaire de gale de saint Agnan ou saint Ignace. —
« Nous avons donc pu voir tous les phénomènes sur lesquels
« vous appelez notre attention, mais il ne nous est pas venu
« dans l'idée de les faire dépendre les uns des autres ; et cela,
« par une raison bien simple : dans une maladie dont les causes
« sont si obscures, dont la marche est si longue et les diverses
« formes si distantes entre elles, ce rapprochement est impossi-
« ble, alors qu'on est sensé n'avoir aucune notion d'une pareille
« affection. »

Le docteur LALESQUE fils, de La Teste, dont nous allons apprécier les titres à vos suffrages, ne céda pas à un premier entraî-
nement. Un fait aussi grave que pouvait l'être l'existence endémique, pour les Landes, d'une maladie virulente et contagieuse,
méritait bien qu'on l'examinât avant d'être adopté. Sa réserve
était bien légitime. Il ne voulut pas recevoir de convictions, il
voulut se les faire ; il attendit donc que son expérience per-

sonnelle et ses réflexions vinssent l'éclairer dans une question de cette importance ; aussi débuta-t-il par nier, ou tout au moins par douter que la Pellagre régnât dans les communes landaises de la Gironde; mais un esprit aussi sagace que le sien ne pouvait tarder à rencontrer la vérité en pareille matière, orsqu'elle se présenterait à son observation. — Ses doutes commencèrent à se dissiper en 1836 ; l'année suivante, il n'en avait plus. Il fit à cet égard sa profession de foi dans ses *considérations* sur *la Pellagre des Landes,* qu'il communiqua dans la conférence tenue à *Biganos,* le 4 juin 1837. — Il lui a donné plus d'extension dans son second travail intitulé : *La Pellagre landaise, sa nature et les moyens de la prévenir et ceux de la guérir quand elle est développée.*

La comission se croit dans l'obligation de dire au Conseil qu'ayant fait une lecture attentive de ces deux écrits, et les ayant trouvés identiques quant à la forme et au fond, a dû penser qu'ils étaient du même auteur, et ne s'occuper que de l'examen du dernier, comme étant le plus détaillé dans les faits et plus soigné dans le style et l'ordonnance des matériaux. — En outre, le cachet qui gardait le secret de l'anonyme, ne remplissait plus son office du moment que le premier écrit nous avait dit le nom de M. Lalesque, ce dont la commission ne pouvait, du reste, manquer de s'assurer.

Ce Mémoire n'a pas la forme simple et l'originalité des travaux de M. Hameau, mais l'important s'y trouve, et s'y trouve confirmé par l'observation directe et par l'analogie.— C'est déjà une œuvre de science et de critique que celle de M. Lalesque ; néanmoins, quelques efforts qu'ait faits l'auteur pour avancer la solution de la question, la commission a pensé qu'il n'avait pas tout fait, et qu'il reste beaucoup à faire pour cela. Toutefois, quand il n'aurait contribué qu'à empêcher que certaines propositions fussent mises au rang des choses démontrées, le Conseil devrait lui en être reconnaissant.

Voici en quelques mots le résumé des idées et des opinions
du docteur LALESQUE :

Partant de cette idée, que le sort des populations s'améliora
avec le progrès de la science et de la civilisation, il s'attache à
considérer, dans un premier chapitre, que la Pellagre est une maladie ancienne, et qu'elle existe dans les Landes depuis plusieurs
siècles, mais qu'elle a passé inaperçue, soit par défaut d'examen,
soit par toute autre cause. Il dit qu'elle a remplacé la lèpre aux
lieux mêmes où celle-ci existait; que la Pellagre, en un mot, n'est
que sa transfiguration. Dans aucun pays de l'Europe, au temps
où régnait la lèpre, elle ne fut aussi intense et aussi cruelle que
dans la Lombardie, que dans les Asturies et dans la Guyenne; elle
n'en est pas entièrement extirpée aujourd'hui, elle y sévit sous
une forme très-atténuée, et c'est la Pellagre. Ce n'est pas seulement sur l'examen, la comparaison du phénomène qui carac-
térisent ces deux affections, qu'il fonde son opinion, il la corrobore
de l'analogie. Autrefois, et au milieu de nous, il y avait des fièvres
intermittentes désastreuses, qui, à raison de leur violence et de
leur forme pernicieuse, méritaient le nom de *peste*; les causes
étaient vives alors. De nos jours, les dessèchements ont changé
en quelque sorte la nature du sol et de l'air, et si nous avons encore des fièvres de même nature, reconnaissons qu'elles sont bien
moins graves et moins fréquentes. — D'après ces considérations
et les détails historiques dont il les étaie, il en conclut que la
Pellagre n'est pas une maladie nouvelle, qu'elle est la continuation de la lèpre. Ainsi il faut cesser d'avoir des craintes sur
sa propagation. Les améliorations du sol, qui augmentent pro-
gressivement le bien-être des populations, doivent nous ras-
surer à cet égard. — M. HAMEAU nous avertit d'un mal qui
pourrait s'étendre; M. LALESQUE nous dit, au contraire, qu'il
doit s'éteindre par la force des choses. Cette opposition se trouve
dans l'opposition de leurs points de départ.

Dans le chapitre des causes, M. LALESQUE poursuit le rap-

prochement de la lèpre et de la Pellagre ; et ce rapprochement
n'est pas nouveau dans la science, l'auteur le reconnaît.—Il n'ad-
met pas de cause spécifique , et reconnaît qu'il suffit du concours
de circonstances étiologiques générales , prises dans l'ordre des
causes incessamment débilitantes : la pauvreté , la misère et l'i-
gnorance, pour favoriser ou produire même la *sœur de la lèpre*, la
Pellagre ; et cela , avec l'aide des causes tirées du sol , de l'air et
des eaux.—Une fois que l'esprit a adopté les voies de l'analogie ,
il s'y laisse facilement entraîner ; il peut alors être conduit à des
erreurs , si on n'y prend garde. — Votre commission a remarqué que la comparaison établie par l'auteur, entre les contrées
de l'Italie et le pays des Landes, ne pouvait se soutenir, car il ne
saurait exister la moindre similitude entre un sol gras et hu-
mide et bien arrosé, et un sol sabloneux et dont les eaux sont
rares et de mauvaise qualité.

Le troisième chapitre est consacré à la symptomatologie , et
en présente un tableau assez complet ; c'est là qu'il poursuit
surtout son parallèle de la lèpre et de la Pellagre , et il en conclut
encore que celle-ci n'est que celle-là , mais *affaiblie, amoindrie*
et *dégénérée*.

La Pellagre des Landes offre quelques légères dissemblances
avec celle d'Italie et des Asturies ; aussi M. Lalesque pense qu'il
faut la considérer comme pouvant être *lente* et *rapide*. La Pellagre
lente présente toujours peu de gravité : la nôtre est dans ce cas ;
elle peut guérir facilement. La Pellagre rapide est la plupart
du temps incurable. — Elle est *simple* ou *compliquée* : simple ,
elle est toujours lente ; compliquée, elle est toujours rapide.
Quand elle se complique, c'est par l'altération des voies diges-
tives ou des organes encéphaliques. Ainsi la Pellagre existe indé-
pendamment des lésions des appareils digestifs et cérèbro-spi-
nal. Les nécropsies n'ont pas offert des traces pathologiques
assez constantes pour en induire à *posteriori* , que cette maladie
dépendît essentiellement et primitivement de l'altération des

solides. — L'opinion que l'auteur s'est faite de la nature de la lèpre le domine toujours et l'applique à la Pellagre.

En effet, après s'être appliqué à combattre les diverses opinions sur la nature et le siége de la Pellagre, il s'attache à démontrer que son siége est dans le sang, et que sa nature consiste dans le dépouillement imparfait des humeurs excrémentielles de ce liquide et de la lymphe. Les preuves de cette opinion sont prises, non dans les signes sensibles, mais à leur défaut dans les signes rationnels qui abondent. Tout prouve, par le caractère de la généralité des lésions, que des causes générales ont agi, et que c'est dans des causes générales qu'il faut chercher l'explication de la maladie en question. Les développements qu'il fournit établissent, d'après son opinion, que la lésion primitive, constitutionnelle de la Pellagre, est dans le sang, et que les organes digestifs et nerveux ne sont frappés que secondairement; leurs lésoins ne sont, à ses yeux, que ce qu'est celle de la langue et de la membrane muqueuse génito-urinaire, c'est-à-dire le résultat d'un liquide irritant versé sur leur surface, et déterminant, par sa présence, toutes les lésions physiques qu'on y rencontre. Par là se trouvent expliquées les plegmasies et les perforations intestinales, comme aussi les ulcérations et les crevasses de la langue, des lèvres, du vagin et de ses alentours. Par là se trouvent encore expliquées les altérations de la pulpe cérébro-spinale, constamment baignée par un liquide céphalo-rachidien, d'une nature délétère. — Voilà qui a fait la matière du quatrième chapitre.

Vous le voyez, M. le docteur Lalesque soutient le parallèle jusqu'au bout. On ne pouvait pas moins attendre d'un esprit aussi rigoureux que le sien. Toutefois la commission eût désiré de trouver, à côté de ces assertions si fortement liées et si logiquement enchaînées, des faits et des observations pratiques; ils auraient prêté un appui légitime à des inductions qu'il serait possible de faire dépendre d'idées préconçues.

3

Enfin, dans le cinquième et dernier chapitre, il est question de la prophylaxie et du traitement. — Les moyens de prévenir la Pellagre consistent dans la réforme profonde des conditions hygiéniques des localités et des individus. A cet effet, on propose des mesures administratives, telles que l'instruction primaire, les défrichements, un nouveau plan de constructions rurales, les avis efficaces concernant la propreté des personnes et des choses. Ces mesures seraient appuyées par des primes d'encouragement qui seraient votées par le Conseil général du département. Des médecins cantonnaux seraient chargés de veiller à l'exécution de la plupart de ces mesures ; ils seraient aussi mis dans l'obligation de tenir un registre des Pellagreux des communes dont ils surveilleraient la santé. Chaque tournée cantonnale donnerait lieu à un rapport adressé au conseil de salubrité. On prononcerait aussi des amendes légales contre ceux dont les actes seraient contraires à ces mesures, pour l'exécution desquelles on aurait pris préalablement des arrêtés. — Ces vues ont paru à votre commission saines et très-orthodoxes, et elle a approuvé qu'on les ait mises en avant. Mais elle n'a pas examiné si la législation donnait la latitude suffisante pour agir dans le sens de ces idées. Elle se plaît à le croire. Il vaut mieux, en effet, prévenir une maladie que de s'exposer à l'incertitude de son traitement.

Le traitement.... votre commission n'a pas bien compris qu'une maladie que l'on dit dépendre d'une altération radicale des liquides, du sang et de la la lymphe, la lésion des organes digestifs et des centres nerveux, n'étant que consécutive, qu'une pareille maladie dont on a l'air d'exclure l'idée d'irritation, soit attaquée dans la majorité de cas par les antiphlogistiques, et notamment par la saignée ou les sangsues, selon la circonstance. Deux observations sont citées à l'appui de cette médication, où la négligence dans l'emploi de ces moyens fut suivie d'un retour du mal avec accroissement des accidents. On revint aux antiphlogistiques, aux émollients, au régime du lait, et la Pel-

lagre disparut. — Ces moyens reçoivent un heureux concours
des purgatifs salins. — Il a donc paru à votre commission qu'il y
avait là une sorte de contradiction entre la nature du mal et la
nature de la médication. Cette réflexion n'intéresse que le traitement de la Pellagre simple et lente, et nullement celui de la Pellagre rapide et compliquée. Contre celle-ci, la plupart du temps
incurable, l'auteur propose le fer, le feu, les sétons, les cautéri-
sations, les bains toniques etc ; il reconnaît heureusement que
cette forme se rencontre à peine dans les Landes.

Si la commission a jugé convenable de s'arrêter un peu sur
le manuscrit du docteur LALESQUE, c'était pour faire ressortir
la différence qui le distingue du travail du docteur HAMEAU sur
le même sujet. Celui-ci, en effet, joint à une supériorité réelle,
et on l'a déja remarqué, une certaine originalité de langage
et d'observation qui est inhérente à toute découverte, ou du
moins à ce qui a pu paraître tel à celui qui en est l'auteur. On
lui a reproché de s'être hâté de systématiser et de ne pas s'en
tenir exclusivement à ce qu'il avait vu ; mais les moyens de
maîtriser son esprit en pareille circonstance. Personne ne l'i-
gnore : autour d'un fait nouveau, flotte presque toujours un
vague d'idées et d'explications aventureuses qui ne manque
pas de naïveté.— Celui-là, au contraire, l'ouvrage de M. LA-
LESQUE, est et devait être plus méthodique et plus raisonné.
C'est ce qui arrive lorsque la science s'empare d'un ordre de
choses, inconnues jusqu'alors, et la critique érudite s'empresse
de faire justice des prétentions et des exagérations qui nais-
rent de cette nouveauté. La critique, à côté des services qu'elle
rend, offre aussi ses inconvénients ; c'est incontestable : car,
comme elle procède ordinairement d'une vue systématique, il
en résulte qu'elle s'efforce, pour ne pas troubler l'harmonie préé-
tablie de la science, de faire entrer violemment dans le cadre, et
en vertu des analogies et de similitudes, ces faits, nouveaux
venus dans le monde scientifique.

La Pellagre des Landes est-elle une maladie indentique à celle qui s'observe dans le Milanais et dans les Asturies ? La commission a admis cette identité. — La Pellagre des Landes est-elle une transformation, un amoindrissement de la lèpre, de cette lèpre qui au temps des croisades régnait en Europe ? — M. LALESQUE se croit fondé à avoir cette opinion. La commission n'a pas dû se prononcer à cet égard, même après les réflexions que lui suggérait l'examen des travaux de ce médecin. — Elle se plaît toutefois à reconnaître l'importance de son travail, et pour lui donner un témoignage du cas qu'elle en fait, elle espère que le Conseil approuvera la distinction qu'elle va lui proposer en sa faveur.

En conséquence de l'appréciation approfondie qu'elle a faite des Mémoires et documents fournis sur la Pellagre des Landes, par MM. les docteurs HAMEAU et LALESQUE fils, et qui ont été admis au concours ouvert à ce sujet par l'arrêté préfectoral du 18 avril 1839, la commission propose au conseil d'accorder :

1° La 1re médaille d'or à M. le docteur HAMEAU, en lui témoignant le regret de n'avoir pas une récompense plus digne de ses intéressants travaux à lui offrir ;

2° La 2me médaille d'or à M. le docteur LALESQUE fils, en lui faisant connaître sa satisfaction pour les recherches d'érudition auxquelles il s'est livré.

Après les développements qui précèdent, la commission ne pouvait pas trouver beaucoup de choses à dire sur les quatre manuscrits qui lui restaient à examiner. Ils sont sans étendue et sans grande importance ; ils contiennent quelques faits et quelques renseignements utiles dont nous avons tenu compte. — Par exemple, le Mémoire de M. BEYRIS, officier de santé, à Linxe, sert à constater l'existence de la Pellagre dans le département des Landes, et à confirmer ainsi l'observation qui a été publiée l'an dernier dans le journal de la société de médecine de

Bordeaux, par M. le docteur Dubedout, médecin à Lespéron (Landes). D'après cela, il n'est plus douteux que cette maladie ne soit endémique à la contrée landaise, située entre l'embouchure de l'Adour et celle de la Gironde.— M. Courbin, de Mios, a adressé au Conseil deux observations pratiques de Pellagre, qui ne manquent pas d'intérêt, et qui pourront entrer plus tard dans un travail général sur cette maladie.— M. Pauilhac, officier de santé à Arès, est un des praticiens qui déploie le plus de zèle et d'activité ; il a envoyé au conseil des vues et des renseignements pour rendre facile l'étude de la Pellagre sur une grande échelle, et a fait plusieurs communications intéressantes dans les diverses conférences qui ont eu lieu dans les environs du bassin d'Arcachon.— Le manuscrit de M. Mouton, à Saint-Symphorien, que la mort vient d'enlever dernièrement, n'offre rien de particulier, si ce n'est cependant qu'il aurait été constant pour lui que l'existence de la Pellagre était un fait acquis pour tous les praticiens du département des Landes ; dès la fin du siècle dernier et le commencement de celui-ci. Bien que cette assertion ne soit appuyée que par des souvenirs déjà anciens, elle n'a pas paru invraisemblable à la commission, surtout depuis qu'elle a eu connaissance des faits produits par MM. Dubedout et Beyris.

Ainsi, la commission ayant trouvé des preuves de zèle et de bon vouloir dans les communications faites par MM. les officiers de santé, 1° Beyris, de Linxe (Landes) ; 2°, Courbin, de Mios (Gironde) ; 3° Pauilhac, d'Arès (Gironde), propose au Conseil d'accorder à chacun d'eux une mention honorable, en leur exprimant le regret de n'avoir pas une distinction plus durable à leur donner, comme marque de son estime et de l'espérance qu'il conserve qu'ils poursuivront leurs recherches avec le même dévouement.

En outre, la commission fait au Conseil une proposition subsidiaire : elle a pour objet de demander à M. le Préfet la continuation de la distribution annuelle des médailles d'encouragement pour l'étude de la Pellagre; de lui exposer que deux médailles sont insuffisantes pour le but qu'on se propose, et que le moyen d'exciter le zèle et l'émulation, et de faire un appel efficace à tous les genres d'esprit, c'est de multiplier les médailles; d'agir, en un mot, pour cette sorte de recherches comme l'on fait pour la propagation de la vaccine; qu'en conséquence, la somme de 200 francs étant allouée, on pourrait, sans grever le budget du département d'un centime de plus, avoir : 1° une médaille d'or de 100 francs ; 2° un jeton d'or de 50 francs ; 3° trois à quatre médailles en argent, grand module ; enfin, de procéder annuellement à l'émission des pièces et documents qui ont été rédigés, imprimés et déjà distribués pour rendre plus faciles aux praticiens les recherches que l'administration a en vue.

Messieurs,

Vous adopterez ces propositions, puisqu'elles sont comme la conséquence nécessaire du plan d'étude dressé par vous, et vous prierez M. le Préfet de les soumettre au Conseil-général du département dans sa prochaine session, avec le rapport qui est soumis aujourd'hui à votre sanction. Vos vues seront acceptées, car, il importe plus que jamais de poursuivre des recherches dont l'objet n'est plus problématique. Non seulement la Pellagre existe, mais elle existe endémiquement sur tout le littoral de notre golfe. L'administration doit venir en aide à la science; elle doit l'appuyer de son influence et de ses encouragements.

Adopté en séance du Conseil, le 8 août 1840.

www.ingramcontent.com/pod-product-compliance
Lightning Source LLC
Chambersburg PA
CBHW070746280326
41934CB00011B/2814